# COLLECTION MARTEL

# OUVRAGES ILLUSTRÉS

## JAPONAIS, CHINOIS ET PERSANS

ALBUMS DE PEINTURES JAPONAISES

DESSINS ET CROQUIS ORIGINAUX

ESTAMPES JAPONAISES

PEINTURES CHINOISES

PHOTOGRAPHIES DE L'ORIENT

PAPYRUS ÉGYPTIENS

VENTE AUX ENCHÈRES PUBLIQUES

### Le Jeudi 14 novembre 1901

A 4 HEURES

## HOTEL DES COMMISSAIRES-PRISEURS, 9, RUE DROUOT

**Salle n° 8**

| COMMISSAIRE-PRISEUR | EXPERT |
|---|---|
| Mᵉ PAUL CHEVALLIER | M. ERNEST LEROUX |
| 10, rue de la Grange-Batelière | 28, rue Bonaparte |

1901

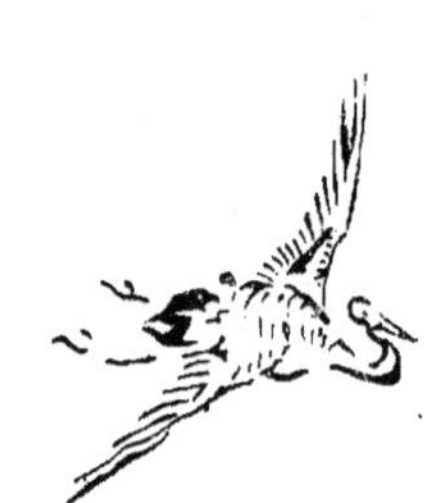

# OUVRAGES ILLUSTRÉS

## JAPONAIS, CHINOIS ET PERSANS

### ALBUMS DE PEINTURES JAPONAISES

### DESSINS ET CROQUIS ORIGINAUX

### ESTAMPES JAPONAISES

### PEINTURES CHINOISES

### PHOTOGRAPHIES DE L'ORIENT

### PAPYRUS ÉGYPTIENS

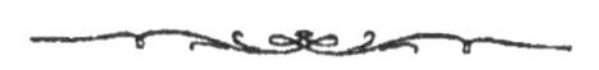

VENTE AUX ENCHÈRES PUBLIQUES

## Le Jeudi 14 novembre 1901

A 4 HEURES

## HOTEL DES COMMISSAIRES-PRISEURS, 9, RUE DROUOT

### Salle n° 8


COMMISSAIRE-PRISEUR

M<sup>e</sup> PAUL CHEVALLIER

10, rue de la Grange-Batelière

EXPERT

M. ERNEST LEROUX

28, rue Bonaparte


1901

# CONDITIONS DE LA VENTE

La vente se fera au comptant.

Les acquéreurs paieront **10 p. 100** en sus des adjudications.

Les livres, albums et estampes devront être collationnés dans les vingt-quatre heures de l'adjudication. Passé ce délai ils ne seront repris pour aucune cause.

M. ERNEST LEROUX, **chargé de la vente, remplira les commissions des personnes qui ne pourraient y assister.**

# COLLECTION MARTEL

## PAPYRUS ÉGYPTIENS

1. **Peinture égyptienne**, représentant des captifs garrottés, aplatis sous les pieds du vainqueur. Encadrée sous verre.

2. **Papyrus démotique**, comprenant 16 lignes au recto et 17 lignes au verso. Encadré entre deux verres.

## PERSE

### MANUSCRITS PERSANS

3. **Mafakhir alanbya**. Histoire des premiers peuples, des prophètes, des califes, des sultans mogols, des rois de Perse, etc., en sept parties. In-4, mar. vert à gauf. or, doublé de maroq. rouge.

> Cette histoire va jusqu'au règne du sultan Aboulgâzi Hoseïn Bahâdur Khân. L'auteur est Mohammed ben Khondâvend Châh ben Mahmoud.

4 **Divan du poète Hafiz**. Manuscrit de 162 feuillets, à 2 colonnes, avec encadrements de filets d'or. Plusieurs têtes de pages enluminées.

> Ce manuscrit contient quelques pièces qui manquent ordinairement dans le recueil de ces poésies.

5. **Syllabaire arabe**. Petit manuscrit de 36 pages, les deux premières enluminées.

5 *bis*. **Boite à miroir** persane, avec peintures sur trois de ses faces.

### OUVRAGES PERSANS ILLUSTRÉS

6. **Iskender Naméh**. Roman sur l'histoire d'Alexandre. Lithographié, avec illustrations, à Téhéran, 1274 (1857). 7 tomes en 1 volume in-fol., maroq. rouge.

7. **Anwari Soheili**, le fameux recueil de fables. Lithographié à Téhéran en 1261 (1845), et orné de gravures. In-folio, reliure persane peinte.

# CHINE

## OUVRAGES CHINOIS ILLUSTRÉS

8. **Eul-ya yin t'ou**. Le *Eul-ya*, recueil des caractères chinois, par ordre de matières, avec leur explication et la figure des objets et un commentaire rédigé par Kouo P'o, qui vivait sous les Tsin, dans le IIIᵉ siècle de notre ère. 3 *pèn* in-folio reliés en un volume dem. mar. vert. Edition de 1801, sur papier blanc, divisée en 19 sections, avec des gravures représentant les objets décrits dans chacune des sections.

Le *Eul-ya* est une véritable encyclopédie pittoresque de l'antiquité chinoise. ·

9. **Kin ting Li ki yi sou**. Le Li ki, ou Mémorial des Rites, publié par ordre impérial, avec commentaires. Belle édition illustrée de planches. 47 *pèn* in-4.

10. **Cheng yu siang kiai**. Explication illustrée du saint Edit de l'empereur K'ang-hi. 4 *pèn* petit in-8, en 1 *tao*.

11. **Les miracles de la déssse de miséricorde Kouan-yin**. 1 volume in-folio plié en paravent, nombreuses et curieuses figures au trait, avec texte chinois. (Piqûres de vers.)

12. **Les miracles de la déesse Kouan-yin**. Volume in-folio, imprimé en caractères blancs sur fond noir, sur des feuillets pliés en paravent, figures au trait.

13 **Les Rahan**, ou saints bouddhistes, de la pagode Tien-ning Sseu. 5 volumes de planches imprimées à Canton, en blanc sur fond bleu. In-folio, reliure en paravent entre planchettes.

14. **Wan siao t'ang houa tchouan**. Traditions sur les peintures du Cabinet où l'on se livre le soir à une agréable conversation. Par Tchou Tchouang. Edition illustrée de 1763. 2 *pèn* gr. in-8 sur papier blanc, en un *tao*.

Cet ouvrage est une galerie où sont représentés les portraits des principaux hommes illustres, historiens, philosophes, etc., des différentes dynasties.
Ces portraits, au nombre de plus de cent, exécutés au trait et gravés sur bois, sont remarquables par leur finesse et par la netteté de leur exécution. Des notices biographiques accompagnent les portraits.

15. **Ming hien t'ou tchouan**. Histoire, avec leurs portraits gravés, des Sages renommés de l'ancienne principauté de Wou. 20 livres en 8 *pèn* gr. in-8, en 1 *tao*. Belle édition de 1829.

Cet ouvrage renferme plus de 500 portraits, gravés au trait, des sages éminents et hommes renommés qui ont illustré la province de Kiang-nan.

Les portraits ont été gravés par Kou de Tchang tcheou. Les notices qui accompagnent chaque portrait font connaître les mérites des personnages représentés, qui portent le costume de leurs fonctions et de leur époque. C'est une précieuse galerie de portraits historiques.

16. **Mo k'an Song lie niu tchouan pou.** Biographie illustrée des femmes célèbres. Avec figures. Ouvrage composé sous les Song méridionaux. 4 *pèn* in-8, sur papier blanc, en un *tao*.

17. **Tien kang ti cha t'ou.** Biographies et portraits des personnages. 2 *pèn* in-4, illustrés de fines gravures, sur papier blanc.

18. **Cheou che t'ong k'ao.** Trésor de l'agriculture. 24 vol. pet. in-folio.

Composé par ordre impérial en 1742, cet ouvrage est subdivisé en 78 livres embrassant toutes les branches de l'agriculture, de l'horticulture, avec les sciences accessoires. Il est illustré de nombreuses planches.

19. **Yen siang chouei king tsi ts'iuan pien.** Traité de physiognomonie. 4 *pèn* in-8 avec figures en un *tao*.

20. **L'encre de Chine,** sa fabrication. Avec figures. Un *tao*.

21. **Ouvrage de géographie chinoise,** avec cartes et vues de monuments. 1 vol. — Autre ouvrage géographique illustré, en 3 volumes. — Carte du Japon. — Carte de la Chine.

22. **Numismatique chinoise.** 3 vol. in-8, fig.

23. **Traité d'arithmétique,** avec tables de logarithmes, en chinois. *Shanghai,* 1853, in-8.

**Les Ts'ai-tseu.** Les dix ouvrages de la littérature chinoise considérés comme des chefs-d'œuvre, et dont les auteurs sont appelés les dix *Ts'ai-tseu,* les dix beaux esprits ou écrivains par excellence.

24. **San-kouo tche,** ou histoire des trois royaumes, grand roman historique de Lo Kouan-tchong. 20 *pèn* en 4 *tao.*

25. **Si siang ki.** L'histoire du pavillon d'Occident. Roman en vers et en prose. 6 *pèn* en 1 *tao,* fig.

26. **Chouei hou tchouan.** L'histoire des rives du fleuve. 20 *pèn* en 2 *tao,* figures.

27. **San ho tsien.** Le sabre précieux. 1848. 6 *pèn* en 1 *tao,* fig.

28. **Hao kieou tchouan,** ou l'Épouse accomplie. Magnifique édition, 4 *pèn* en un volume in-folio, demi maroq.

29. — Le même. Autre édition en 4 *pèn* in-12.

30. **P'i pa ki.** L'histoire du luth, drame de Kao Tong-kia. 6 *pèn* en 1 *tao.*

31. **Houa tsien ki.** Histoire du papier à fleurs, roman d'amour. 4 *pèn* en 1 *tao,* illustré.

---

32. **Fen tchouang leou.** Roman. Édition de 1862. 6 *pèn* en 1 *tao.*

33. **Sieou-siang lu meou-tan.** La pivoine verte, roman historique du temps des T'ang. Edition illustrée de 1847. 2 *pèn* en 1 *tao*.

34. **Hong leou mong.** Les songes du pavillon rouge. Préface de 1791. 40 *pèn* in-8 en 4 *tao*, illustrés.

35. **Si siang ki,** ou l'histoire du Pavillon d'Occident, comédie en seize actes, traduit du chinois par S. Julien. *Genève*, 1872-80, in-4, dem. mar.

36. **Cartes de visite** chinoises, échangées à la suite des conférences de 1843. — *Jeu de casse-tête chinois.* 2 *pèn* in-12.

## ALBUMS DE PEINTURES CHINOISES

37. **Belle série de 12 gouaches** du xviiie siècle, en un Album de grand format, recouvert de soie rouge.

> Ces pièces, d'une extrême finesse d'exécution, représentent : l'Empereur, l'Impératrice, sur des trônes, et les principaux personnages de la Cour dans leurs riches costumes.

38. **Joutes et combats.** 12 gouaches en un Album de format oblong.

39. **Les occupations des dames chinoises.** 12 gouaches anciennes, en un Album in-4.

40. **Les artisans de la Chine.** 12 gouaches en un Album in-4.

41. **Trois Albums** de gouaches : 1, personnages, officiers chinois; 2, fleurs et oiseaux; 3, insectes et papillons.

42. **Sujets galants.** 8 pièces aquarellées. Entre planchettes.

43. **Personnages historiques** et légendaires. 19 aquarelles format in-4.

# JAPON

## OUVRAGES
## HISTORIQUES, GÉOGRAPHIQUES, etc.

44. **Dai Nippon koku biyaku.** Histoire primitive du Japon. 4 vol. in-4, illustrés de belles gravures en noir.

45. **Shotokou Taishi den dzu ye.** Souvenirs semi-légendaires du règne de l'Empereur Shotokou Taishi, fils aîné et successeur de l'Empereur Yoméi (573-621), 5 volumes in-8, gravures en noir du xviiie siècle, d'après des peintutes de l'Ecole de Tosa.

> Ce prince fut un des principaux propagateurs du bouddhisme au Japon. On lui attribue un code en 17 articles (*Kempô*), la rédaction du *Kojiki*, le plus

ancien livre japonais que l'on connaisse, et l'introduction du premier calendrier au Japon.

**46. Chosen Seibatsu Schimatsu ki.** Histoire de la conquête de la Corée. 5 vol. in-8. — Histoire des guerres de Corée. 20 volumes in-8, illustrés de cartes en couleur et de nombreuses planches en noir. Ensemble 25 volumes.

**47. Higashi Yebisu Yatanachi.** Histoire et description du Yeso oriental. 3 vol. in-4, fig. noires. — Topographie du Yéso septentrional. 4 vol. in-4, fig. noires. Ensemble 7 vol.

## Série de Méïshos

OU DESCRIPTION ILLUSTRÉE DES PROVINCES DU JAPON

**48. Yédo meïsho.** Description des endroits remarquables de Yédo et de ses environs, les fêtes locales, les cérémonies du jour de l'an, les temples et monuments, les théâtres, etc. Publié en 1836 et illustré par Haségawa Settan, élève de Hokusai. 20 vol. in-8, figures en noir.

On a ajouté à l'exemplaire 2 volumes doubles sur grand papier.

**49. Kawatsi meïsho.** Description des endroits remarquables de la province de Kawatsi. 1801. 6 vol. in-8, figures en noir par Niwa To-kei.

**50. Isé meïsho.** La province d'Isé et ses temples fameux. Guide illustré à l'usage des voyageurs et des pélerins qui vont de Kyoto aux temples. Sites remarquables, monuments, mœurs locales, légendes, faits historiques, etc. 1768, 6 volumes in-8, figures en noir par Shitomi Kwangetsou.

**51. Tokaïdo meïsho.** Les beautés de la route de Tokaïdo, sites, paysages, temples, fêtes locales, etc. 1797, 6 vol. in-8, figures en noir par différents artistes

**52. Autre meisho.** 6 vol. in-8, fig. en noir.

**53. Ni hon San Kaï meï boutsou dzu yé.** Description illustrée des produits du sol et de la mer spéciaux à chaque pays, manière de les cultiver et d'en tirer parti, explications sur les industries particulières à chaque région. 1797, 5 vol. in-8, gravures en noir de Haségawa Mitsounobou (Bûcherons, mineurs, forgerons, agriculteurs, pêcheurs).

**54. San kai me san dzu yé.** Les productions de la mer et des montagnes. 1800, 5 vol. in-4. Texte par Yoshida, gravures en noir par Noribashi Kangetsu.

**55. Hokou yetsou setsou fou.** La neige dans la province de Yéchigo. Yédo, 1842, 6 vol. in-8, gravures en noir, couverture intérieure imprimée avec encadrements bleus.

Cet ouvrage décrit la vie sociale dans le nord du Japon, au milieu de la neige perpétuelle, tous les travaux que la neige nécessite, toutes les particularités de cette région, et les légendes qu'on y raconte.

56. **Nippon Meizan dzu yé.** Description des montagnes célèbres du Japon. Belle suite de gravures en noir, par Tani Bouncho, un des plus fameux peintres de la fin du XVIIIᵉ siècle. 3 volumes in-4, publiés en 1810.

57. **Yodo gawa Rio-gan itiran.** Les rives du Yodo. Guide des voyageurs qui vont en bateau d'Osaka à Kyoto. 1861, 4 vol. in-12, gravures en couleur représentant tous les temples et les sites remarquables des deux rives. Les dessins sont de Matsou-gawa Hanzan, un des célèbres paysagistes de l'école oukiyo-yé.

58. **Miyako fou sokou ké sho den.** La toilette et les mœurs de la capitale. Yédo, 1852, 3 vol. pet. in-8, gravures en noir.

> Véritable manuel de la coquetterie au Japon. Le 1ᵉʳ volume comprend : les manières de se grimer, de guérir toutes les infirmités de la figure, etc., Le 2ᵉ volume, la manière de se tenir convenablement, en remédiant aux difformités natives. les bains, la toilette, la voix, etc., les manières de s'habiller, de prendre l'essence des fleurs, etc. Le 3ᵉ volume comprend les soins à donner aux mains et aux pieds, les différentes coiffures, la manière de faire pousser les cheveux, etc. Les gravures sont de Shoun Kio saï, le peintre des fêtes de Yédo. (Ecole oukiyo-yé.)

59. **Vaï kaï Asakousa meï sho itiran.** Coup d'œil sur les lieux célèbres d'Asakousa, accompagné de poésies. 1858, in-12, avec 17 planches en noir et en couleur.

60. **Kokei saikiu ho.** Traité des maladies : 1, blessures ; 2, la prostration et ses causes ; 3, maladies des femmes et des enfants. 3 vol. in-4, fig. noires. — Autre livre de médecine. In-8, gravures en noir.

> Les gravures de ce volume représentent : le médecin Ishid. Teikouan, âgé de 93 ans, les vers qui produisent les maladies, un accouchement, des hydropiques, des aveugles, une indigestion, etc.

61. **Giyokou heu.** Dictionnaire japonais. 12 vol. in-4.

## ALBUMS DE PEINTURES JAPONAISES

62. **Recueil de 17 peintures** sur papier et sur soie, exécutées par des artistes de l'école de Tosa. Belles pièces réunies en un album doré et recouvert de soie.

> Un gardien de temple (pièce avec signature et cachet), scènes populaires et légendaires, hommes du peuple et fonctionnaires de la Cour impériale, oiseaux sur une branche fleurie, etc.

63. **Album de fleurs et de paysages,** 17 aquarelles sur soie, de la plus fine exécution, avec semis d'or. Charmant album de format carré, couverture de soie.

64. **Curieux album de fleurs en relief,** sur fond aquarellé. 12 planches en un volume de format oblong.

> Intéressant spécimen d'un genre de planches tout spécial, que les artistes japonais exécutent avec une réelle perfection.

65. **Le travail des mines d'or.** Bel album en paravent, comprenant une vingtaine de planches coloriées. In-4, couvert en soie.

66. **Les mines d'or** et la fabrication de la monnaie. Autre album d'une quarantaine de planches. Album en paravent, recouvert de soie.

67. **Fleurs et insectes.** Gouaches sur soie, très fines. 3 pièces avec signatures et cachets.

68. **Scènes de la vie japonaise.** Suites de dessins au trait, style chinois. En un album à couverture de soie.

69. **Cahiers d'études,** 5 volumes remplis de croquis, de dessins, de peintures à l'aquarelle. à la gouache, à l'encre de Chine. Œuvres de divers artistes du milieu du xixᵉ siècle.

70. **Album militaire,** contenant un texte illustré de personnages peints à l'aquarelle et représentant toute l'ancienne armée japonaise, le maniement du fusil, de l'arc, de la lance, l'équipement de l'infanterie et de la cavalerie, les soins donnés aux blessés, les jeux, etc.

71. **Recueil de dessins originaux de Nanrio.** 2 albums contenant les croquis les plus variés à l'aquarelle et à la gouache.

> Scènes, personnages. caricatures, plantes, fleurs, fruits, oiseaux, poissons, toutes ces études, toutes ces pochades, enlevées d'un coup de pinceau alerte et spirituel, sont pleines d'expression, de vie, de mouvement.

72. **Types et costumes** des principales nations du monde. Un volume illustré de curieuses figures coloriées (xviiiᵉ siècle).

> Nègres africains, Européens, Turcs. Chinois, Espagnols, Russes, Hollandais, Français, Coréens, Asiatiques, Américains, Sauvages, Péruviens, etc.

# OUVRAGES ILLUSTRÉS ET ESTAMPES JAPONAISES

## DES XVIIᵉ, XVIIIᵉ ET XIXᵉ SIÈCLES

73. **Isé monogatari.** Roman du xᵉ siècle, attribué à l'empereur Kwan san. Edition illustrée de 1608, 2 volumes in-4, gravures en noir, style de l'Ecole de Tosa. (Piqûres de vers.)

> Ouvrage rare, une des premières productions de la xylographie japonaise.

74. **Gravures du xviiiᵉ siècle.** 2 volumes illustrés de gravures noires, l'un représentant toutes sortes d'animaux ; l'autre des vues de Kioto, avec des cortèges, des scènes populaires, etc.

## SOUZOUKI HAROUNOBOU

75. Belle suite de 17 compositions de ce maître charmant, en un album recouvert de soie.

> Les pêcheurs. — Le chien de neige. — Le départ pour la chasse au faucon. — Deux femmes et un petit garçon. — La lecture. — Le shamisen. — Le vase renversé. — Promeneuses surprises par la pluie. — Les bulles de savon. — Les porteuses d'eau salée. — Déesse sur une carpe. — La toilette du petit garçon. — Sous la neige, etc.

# HOKUSAI
*le plus célèbre et le plus fécond artiste de l'école oukiyo yé.*

76. **Dô thsiou gwa fou.** Les beautés de la route du Tokaïdo. Edition de 1836, gravures à deux tons. (Exemplaire fatigué.)

77. **Yébon tchiou kio.** Devoirs envers le souverain. 1835, gravures en noir.

78. Recueil factice de gravures d'Hokusaï en noir et en couleurs, réunies en un album recouvert d'étoffe japonaise.
> Pièces fort intéressantes, planches d'essai, etc.

79. **Shin hinagata.** Modèles de dessins pour la construction des charpentes et l'ornementation des maisons; gravures à deux tons, noir et rose.

80. **Onna Imagava.** La morale des femmes. Vers 1840. Illustrations en couleur.

81. **Légendes illustrées.** Un volume in-8, gravures en noir. — Illustrations pour un roman de Bakin, 2 tomes en un volume. — Autre roman illustré, gravures en noir. Edition de 1840.

82. **Scènes et paysages,** 2 albums de planches en couleur en beau tirage ancien.

83. **Yei you dzu yè.** Héros et guerriers japonais. 1834, in-8, gravures teintées.

84. **Histoire du Bouddha.** 5 volumes, gravures en noir. — Les miracles de Bouddha. 3 volumes, gravures en noir. Ensemble 8 volumes.

85. **Le livre des mille caractères,** en chinois et en japonais. Illustrations en noir, 1835.

86. **Les cent vues** du Foudji yama. 4 vol. in-8, grav. en noir.

87. **Albums divers** d'Hokusai, avec planches en couleur. 10 volumes.

88. **Albums divers** d'Hokusai, avec gravures en noir. 8 volumes.

# HIROSHIGHÉ
*le grand paysagiste (1797-1858)*

89. **Yedo meisho shi jou hati kei.** Les vues principales de la ville de Yédo et de ses faubourgs. Album in-4, de 48 planches en couleur.

90. **Vues des environs de Yédo.** Album de 16 belles planches en couleur, format oblong.

91. **Yamato jiou boutsou.** Types et scènes des rues du Japon. 2 volumes in-8, gravures en couleurs, accompagnées de poésies.

# KOUNIYOSHI

92. Modèles de piété filiale, d'après les auteurs chinois. Belle suite de 14 planches doubles en couleur. En un album in-4.

# HANABOUSA ITCHO

*le grand caricaturiste et l'habile dessinateur du XVII<sup>e</sup> siècle (1652-1724).*

93. **Croquis** et études diverses. Gravures en noir. 3 tomes en un volume in-4.

## Caricatures

94. **Sin zi an don**. La lanterne de l'office divin, c'est-à-dire : Sujets à peindre sur des lanternes de temples. Scènes burlesques peintes par Sinko. 4 volumes, gravures en couleur. — Poésies comiques illustrées par le même. 4 volumes, gravures en couleur. Ensemble 8 volumes.

95. **Kioga-en**. Choix de dessins plaisants, par Suzu Rinsho. 1769. 1 volume, grav. noires.

96. **So-gwa shin-zou Tsou-shin gwa-fou**. Recueil des modèles de dessins par Min wa. Scènes de la vie sociale, animaux, paysages, personnages, oiseaux, arbres, fleurs, etc. 1819, in-8, gravures en noir.

> Go sen tei Min wa est le maître qui a fait le catalogue du temple de Kiyo Mitsou. La date de 1819 donne à ce volume, qui est une sorte de *Mangwa*, un intérêt particulier pour la comparaison avec Hokusaï.

97. **Mangwa Hiakoujo**. Les femmes japonaises de toutes conditions. Gravures à deux tons par Go sen tei Minwa. Osaka, 1814, in-8.

## Les Ronins

98. **Les quarante-sept fidèles Ronins**, vengeurs de leur seigneur, le Prince d'Ako. Scènes et portraits. 6 albums anciens de divers formats. Planches noires et en couleur par différents artistes, dont Kouniyoshi.

> L'histoire des *Quarante-Sept Cœurs fidèles d'Assano* est si célèbre au Japon, elle y a été si souvent popularisée par le roman ou le drame qu'un grand nombre d'artistes se sont plu à en reproduire les épisodes et à nous montrer les Ronins au milieu du combat quand le jour tant désiré de la vengeance est enfin arrivé. Les six Albums réunis ici sont de style bien différent, mais tous d'une belle exécution.

99. **Tchou-Chin-Goura** ou une Vengeance japonaise, roman japonais, traduit en anglais avec notes et appendice, par Frederick. V. Dickins, traduction française de Albert Dousdebès. *Paris, Ollendorff*, 1886, in-8, fig., br.

> Nombreuses gravures sur bois exécutées au Japon par des artistes japonais et tirées sur papier japonais.

---

100. **Biographies illustrées** de personnages célèbres du Japon. 9 volumes, gravures en noir.

101. **Ouvrages illustrés** par divers artistes du commencement du XIX<sup>e</sup> siècle. 10 volumes, gravures en noir.

102. **Autre série.** 17 volumes, grav. en noir.

103. **Ouvrages illustrés,** de petit format. 14 volumes, gravures en noir.

104. **Arrangements de fleurs** dans des vases. 1 volume, planches en noir.

105. **Les femmes du Genzi Monogatari.** Bel album de planches en couleur par Kounisada. — Les principaux épisodes du même roman. Album de planches en couleur. — Deux autres petits recueils de planches en couleur. Ensemble 4 volumes.

106. **Albums de fleurs** et d'oiseaux. 6 volumes de différents formats, planches en couleurs.

107. **Bai rei hyakou tsio gwa fou.** Album de 100 oiseaux dessinés par Baï rei. 3 volumes in-8, gravures à trois tons, gris, noir et jaune.

 Style moderne, dessin très exact, tirage soigné sur bon papier.

108. **Encyclopédie de dessin,** d'après les principes chinois (poissons et insectes, plantes et fleurs). 2 vol. in-4, fig. noires.

## ESTAMPES JAPONAISES

109. Pièces anciennes de Harounobou, Kiyonaga, Outamaro, Hiroshighé, Toyokouni, Kounisada et autres artistes. 37 pièces qui seront groupées par lots.

110. Le Japon artistique. Documents d'Art et d'Industrie réunis par S. Bing, avec la collaboration de MM. Ph. Burty, Th. Duret, E. de Goncourt, L. Gonse, etc. Livraisons 1 à 12. 25 à 35, *Paris, s. d.,* 2 vol. in-4, nomb. fig. dans le texte et planches, hors texte en noir et en couleurs, cart.

111. Catalogue de l'Exposition rétrospective de l'Art japonais organisée par M. Louis Gonse. *Paris, Quantin,* 1883, in-8, fig., br.

112. Quelques volumes non catalogués.

## ALBUMS DE PHOTOGRAPHIES

113. Album de photographies de la Chine prises vers 1855, et rapportées par Paul Champion. Un volume in-4 oblong, perc. rouge. (De la vente Burty.)

114. Album de photographies du Japon, rapportées par Paul Champion vers 1855. Un volume in-4 oblong, perc. rouge. (De la vente Burty.)

115. Trois albums de photographies japonaises en couleur, jeunes femmes, types divers.

116. 76 photographies des plus beaux sites du Japon, pièces de grand format, coloriées.

117. Album de photographies d'Égypte. Une cinquantaine de pièces.

ANGERS. — IMP. A. BURDIN ET Ci⁰, RUE GARNIER, 4.

www.ingramcontent.com/pod-product-compliance
Lightning Source LLC
LaVergne TN
LVHW010848180726
843502LV00009B/3774